Música para

Saxofone

JORGE POLANUER

Nº Cat.: 317-A

Irmãos Vitale S.A. Indústria e Comércio
www.vitale.com.br
Rua França Pinto, 42   Vila Mariana   São Paulo   SP
CEP: 04016-000 Tel.: 11 5081-9499 Fax: 11 5574-7388

© Copyright 2006 by Irmãos Vitale S.A. Ind. e Com. - São Paulo - Brasil
Todos os direitos autorais reservados para todos os países. *All rights reserved.*

CIP-BRASIL. CATALOGAÇÃO NA FONTE
SINDICATO NACIONAL DOS EDITORES DE LIVROS - RJ.

```
P816m
Polanuer, Jorge, 1960-
Música para saxofone
/ Jorge Polanuer. - São Paulo : Irmãos Vitale, 2006
música ;

ISBN 85-7407-216-8
ISBN 978-75-7407-216-6

    1. Música para saxofone.
    2. Música para instrumento de sopro.
    3. Partituras.
            I. Título.

06-2983.                                    CDD 788.66
                                            CDU 788.43
```

16.08.06   22.08.06   015814

| CRÉDITOS |

Diagramação e Capa - DÉBORA FREITAS

Foto da Contracapa - ALEJANDRO ZANGA

Revisão Musical e Coordenação Editorial - CLAUDIO HODNIK

Produção Executiva - FERNANDO VITALE

| ÁUDIO |

Saxofone, Composição e Arranjos - JORGE POLANUER

Piano - JUANJO HERMINA e RAMIRO ALLENDE

Guitarras - EDGARDO CARDOZO e GUILLERMO CAPOCCI

Bateria - MARCELO MIRA, GUSTAVO LÓPEZ e RICARDO ARENHALDT

Percussão - HUBERT REYES, GIOVANI BERTI, FERNANDO JAZAN e PAULO NASCIMENTO

Baixo - RICARDO BAUMGARTEN

Cavaquinho: DERYCK SANTOS

Email: jorge@cuatrovientos.com.ar
Site: www.autores.org.ar/jpolanuer

| ÍNDICE |

Músicas	Página
Son de los cocos	06
My baby call	08
Bicho de Blues	10
Vecino	12
La isla	14
Aro aro	16
Mi reino por un saxo	18
Fulbito de Vereda	20
Samba para no dormir	24
Globos	26
Destiempo	28
El camdombe de Martin	30

Músicas

Son de los cocos
Salsa

Sax Tenor

Jorge Polanuer

Son de los cocos
Salsa

My baby call
Blues

CD
Audio: 02
Playback: 15

Sax Tenor

Jorge Polanuer

| My baby call |
Blues

Jorge Polanuer

Bicho de Blues
Blues

CD
Audio: 03
Playback: 16

Jorge Polanuer

| Bicho de Blues |
Blues

Sax Alto

Jorge Polanuer

| Vecino |
Samba (Brasil)

Sax Tenor

Jorge Polanuer

| Vecino |
Samba (Brasil)

Sax Alto

Jorge Polanuer

La isla
Salsa

CD
Audio: 05
Playback: 18

Jorge Polanuer

La isla
Salsa

Sax Alto

Jorge Polanuer

| Aro aro |
Bolero

Sax Tenor

Jorge Polanuer

| Aro aro |
Bolero

Sax Alto

Jorge Polanuer

Mi reino por un saxo
Dixieland

CD
Audio: 07
Playback: 20

Sax Tenor

Swing

ritardando

Jorge Polanuer

Mi reino por un saxo
Dixieland

Fulbito de Vereda
Milonguita

D7 G
G7/F C/E Cm/E♭
G/D E♭+ C/E D7/F♯ Gm D7
Gm G7 Cm F7 B♭
D7 Gm F E♭ D Gm
D7 Gm Cm Gm
D7 Gm G7 C
G7 G7
C C7/B♭ F/A
Fm/A♭ C/G G♯+ F/A G7/B C G7 C

Fulbito de Vereda
Milonguita

Sax Alto

Jorge Polanuer

A7
D
D7/C
G/B
Gm/B♭
D/A
B♭+
G/B
A7/C♯
Dm
A7
Dm
D7
Gm
C7
F
A7
Dm
C
B♭
A
Dm
A7
Dm
Gm
Dm
A7
Dm
D7
G
D7
D7
G
G7/F
C/E
Cm/E♭
G/D
D♯+
C/E
D7/F♯
G
D7
G

Samba para no dormir
Samba (Brasil)

Sax Tenor

CD
Audio: 09
Playback: 22

Jorge Polanuer

Samba para no dormir
Samba (Brasil)

Sax Alto

Jorge Polanuer

| Globos |
Reggae

Sax Tenor

Jorge Polanuer

| Globos |
Reggae

Sax Alto

Jorge Polanuer

| Destiempo |
Dueto para sax alto e tenor

CD
Audio: 11
Playback: 24 - dueto
25 - tenor
26 - alto

Jorge Polanuer

Jorge Polanuer

El candombe de Martin
Candombe

CD
Audio: 12
Playback: 27

Sax Tenor

Jorge Polanuer

El candombe de Martin
Candombe

Sax Alto

Jorge Polanuer